Barbara Gutjahr

Mama kann durch Wände sehen

CARLSEN
LERNE LESEN

1. Auflage in Druckschrift 1991

Einband von Jan Buchholz, mit einer
Illustration von Barbara Gutjahr
Lektorat: Ursula Heckel
Satz: Lichtsatz Wandsbek, Hamburg
Druck und Bindearbeiten: Bercker Graph. Betrieb, Kevelaer
ISBN 3-551-53227-3
Printed in Germany

Mama kann durch Wände sehen

Ob es wohl heute Pfannkuchen gibt? überlegt Anna und drückt bei »Neumeier« auf den Klingelknopf. Oder Spaghetti...? Ungeduldig hüpft sie von einem Bein auf das andere. Sie hat Hunger. Warum macht Mama denn nicht auf? Sie klingelt noch einmal, ganz lange.

Da öffnet sich ein Fenster über ihr, und sie hört Mamas Stimme. »Anna, bist du es? Hier sind die Schlüssel, ich kann nicht zur Tür kommen!«

Peng! Da liegt das Schlüsselbund vor Annas Füßen. Mamas Kopf ist wieder verschwunden.
Verwundert nimmt Anna die Schlüssel auf. Warum kann Mama wohl nicht zur Tür kommen?

Der große, dicke Schlüssel ist für die Haustür. Anna schließt auf, läuft die Treppe hinauf und sucht den Wohnungsschlüssel heraus.

»Mama?« ruft sie in den Flur hinein.
»Ja, Anna, ich bin hier. Im
Schlafzimmer.«

Mama liegt im Bett und sieht ein bißchen blaß aus.
»Mama! Was ist denn bloß passiert?« fragt Anna erschrocken.
»Ja, Anna, stell dir vor«, sagt Mama. »Als ich heute morgen vom Zahnarzt kam, bin ich dort die Treppe hinuntergefallen und habe mir den Fuß verstaucht. Sieh mal, er ist ganz dick.«
Sie schlägt die Bettdecke zurück.
Der Fuß ist mit einem feuchten Tuch umwickelt. Als Mama es abnimmt, sieht Anna, daß der Fuß geschwollen und etwas blau-violett angelaufen ist.

»Tut es sehr weh?«

fragt Anna besorgt.
»So geht es schon«, sagt Mama. »Aber wenn ich auftrete, dann tut es sehr weh.«

»Darum hast du mir auch den Schlüssel hinuntergeworfen.« Jetzt begreift Anna. »Aber nun sag erst mal, wie war's denn in der Schule?« fragt Mama.
»Och, es geht so«, sagt Anna. »Wir haben Wettlaufen gemacht; ich bin mit Melanie gelaufen und hab verloren. Laufen kann ich gar nicht gut!« Anna

zupft mißmutig an Mamas Bettdecke.
»Na, jedenfalls kannst du es besser als ich jetzt!« lacht Mama.
Da muß auch Anna lachen. »Was gibt's eigentlich zu Mittag?« fragt sie dann. »Ich hab Hunger.«
»Tjaa...« sagt Mama und sieht Anna an.

»Ach so, du kannst ja gar nicht aufstehen!« sagt Anna erschrocken. Sie schluckt. »Ich kann mir ja ein Brot machen...«
»Weißt du was, Anna«, sagt Mama, »ich denke, du bist doch mein großes Mädchen. Meinst du nicht, daß du uns ein paar Bratkartoffeln machen könntest mit Rührei dazu?«
Anna starrt Mama an. »Meinst du, daß ich das kann?«
»Warum nicht?« fragt Mama. »Du hast mir doch schon so oft beim Kochen geholfen. Und ich sage dir genau, was du machen mußt.«
»Ja dann...« sagt Anna und steht auf. Sie fühlt sich plötzlich sehr erwachsen.
»Paß auf«, sagt Mama. »Im Kühlschrank in der blauen Schale stehen noch Pellkartoffeln von gestern. Du nimmst

dir zwei kleine Messer und kommst damit zu mir; dann helf ich dir beim Pellen.«
Anna nickt und läuft in die Küche.
»Und binde gleich deine Schürze um!«

»Wird gemacht!« ruft Anna.
Gemeinsam pellen Anna und Mama die Kartoffeln und schneiden sie in Scheiben.

»So, kleine Hausfrau«, sagt Mama und legt das Messer aus der Hand, »und nun kommt das Braten.«
»Ja«, Anna nickt eifrig. »Ich nehme die

große Pfanne, die im Backofen steht.«
»Gut«, sagt Mama, »und vergiß nicht, einen guten Klacks Margarine hineinzutun, bevor du den Herd anstellst.«
»Na klar, das weiß ich doch!« sagt Anna und trägt die Kartoffeln in die Küche. Sie stellt die große Pfanne auf den Herd und holt die Margarine aus dem Kühlschrank. Wieviel ist wohl ein guter Klacks? überlegt sie.

Mit dem Messer füllt sie vorsichtig etwas Margarine in die Pfanne. Dann stellt sie den Schalter auf die 3.

»Hast du auch den richtigen Schalter gefunden?« hört sie Mamas Stimme aus dem Schlafzimmer.

»Na klar!« ruft Anna. Sie starrt die Margarine an; der Klacks wird nicht kleiner. Dafür aber beginnt der Kessel, der auf der anderen Herdplatte steht, leise zu summen. Es ist wohl noch etwas Wasser im Kessel.

Hier stimmt doch etwas nicht! denkt Anna, schiebt den Kessel zur Seite und stellt die Pfanne auf die heiße Platte. Sofort beginnt die Margarine zu schmelzen. Na also, denkt Anna. Nun müssen die Kartoffeln dazu.

»Gib die Kartoffeln vorsichtig in die Pfanne, damit das Fett nicht spritzt!« Anna guckt sich um. Steht Mama etwa

heimlich an der Küchentür? Nein, niemand zu sehen. »Mach ich!« ruft sie. Mit dem Messer schiebt sie die Kartoffeln langsam in die Pfanne. Geht doch ganz gut, denkt Anna.
Platsch!

Die letzte Scheibe fällt daneben. Anna steckt sie in den Mund. In der Pfanne brutzelt es ganz ordentlich.
»Hmm, es riecht schon gut«, ruft Mama. »Du mußt jetzt den Schalter auf 1 stellen, sonst brennen die Kartoffeln an!«

Anna dreht den Schalter zurück. Mama nimmt doch immer einen Holzlöffel zum Umrühren, wo...
»Die Holzlöffel liegen in der obersten Schublade, Anna!« Kann Mama etwa durch Wände sehen? Anna nimmt einen Holzlöffel aus der Schublade. Ab und zu dreht sie die Kartoffelscheiben um. Es duftet wirklich lecker. Aber nun

wird's schwierig, denkt Anna, als sie die Eier aus dem Kühlschrank nimmt.
»Am besten...«
Aha! Mamas Stimme!

»...nimmst du die gelbe Rührschüssel und kommst mit den Eiern zu mir.«
»Jaa, ich komme gleich!« Annas Stimme klingt erleichtert.

Mama nimmt ein Ei und zeigt Anna, wie man die Schale kaputtschlägt, ohne daß sie ganz zerbricht. »Siehst du, so ist es ganz einfach«, sagt sie und nimmt ein zweites Ei. »Versuch du es lieber in der Küche«, sagt sie dann. »Sonst müssen wir das Rührei gleich von meiner Decke essen!«
Anna lacht.
»Vier Eier sind genug«, fügt Mama hinzu. »Wenn alle Eier in der Schüssel sind, gießt du noch einen Schluck Milch hinzu und rührst alles gut mit einer Gabel um.«

»Jetzt weiß ich endlich, warum Rühreier ›Rühreier‹ heißen«, sagt Anna und trägt die Eier wieder in die Küche.
Vorsichtig nimmt sie ein Ei in die Hand und schlägt es gegen den Rand der Schüssel – das war zu wenig. Noch einmal – knack! Das Ei ist kaputt – und nur ein bißchen Eiweiß ist danebengekleckert. Sie nimmt das nächste Ei.

Klack! Da rutscht ihr das Ei aus den klebrigen Fingern und landet – Anna wird ganz heiß – in der Schüssel! Was für ein Glück! Sie atmet auf. Vorsichtig fischt sie die Eierschale heraus und

wischt sich die Finger an der Schürze ab. Das wäre geschafft!
Und nun? Ach ja, die Milch! Anna holt die Flasche aus dem Kühlschrank. Sie verschüttet nur ein paar Tropfen auf dem Fußboden. Platsch! Platsch! macht es, als die Milch in die Schüssel schwappt. Igitt, das spritzt ja! Anna nimmt eine Gabel zum Umrühren.

Nach und nach vermischen sich Eier und Milch zu einer hellgelben Soße. Was fehlt? Ach ja, Salz natürlich. Aber nicht zu viel!
Schnell – noch bevor Mama etwas sagen kann – holt Anna dann die kleine, rote Pfanne aus dem Schrank. Wieder einen Klacks Margarine hinein, und nun den richtigen Schalter auf die 3 stellen. Diesmal stimmt es, denn gleich darauf beginnt die Margarine zu schmelzen. Es sieht lustig aus, wie der Klacks hin- und herschwimmt und immer kleiner wird, bis nur noch ein großer Margarine-See übrig ist.
Da hinein gießt Anna nun vorsichtig das Rührei. Es brutzelt lustig in der Pfanne, und dicke, runde Blasen tauchen auf. Anna dreht den Schalter auf die 1 zurück.

Immer noch bleibt alles still. Anna nimmt den Holzlöffel mit der breiten Kante aus der Schublade und beginnt vorsichtig zu rühren. Nun fühlt sie sich wie eine richtige Köchin! Allmählich wird das Rührei fest. Anna schiebt in der Mitte der Pfanne einen gelben Berg zusammen, genau, wie sie es bei Mama gesehen hat. Das klappt ja prima!
Was riecht denn da so? Annas Blick fällt auf die Kartoffeln. Sollten die etwa...
Schnell nimmt sie den anderen Holzlöffel und dreht den Schalter auf die 0. Naja, vielleicht schmecken sie so braun ja besonders gut, hofft sie. Dann dreht sie auch den Rührei-Schalter auf die 0. Fertig! Nun kann Mama ruhig etwas sagen.
Aber es bleibt still.
Vielleicht liest Mama ein bißchen?

Oder… vielleicht geht es ihr nicht gut? Anna tappt leise zum Schlafzimmer und lugt hinein. Also so etwas! Da liegt Mama und schläft!
Köchin Anna lächelt zufrieden. In der Küche holt sie das rote Tablett heraus.

Zwei Teller, zwei Gabeln – Messer? Nein! Servietten? Ja! Anna verteilt Rührei und Bratkartoffeln auf die Teller und stellt sie auf das Tablett. Jetzt kann es losgehen.
Anna hebt das Tablett an – puh! – ist das schwer! Sie holt tief Luft. Nur nicht so schnell und ganz gerade halten, damit nichts hinunterfällt!
Nun ist sie im Schlafzimmer – und jetzt kommt der große Moment: »Frau Neumeier, das Essen ist fertig!«

Erstaunt reißt Mama die Augen auf. Da sieht sie ihr kleines Mädchen, und ihre Augen werden noch größer. »Da bist du ja schon! Hast du alles geschafft?«

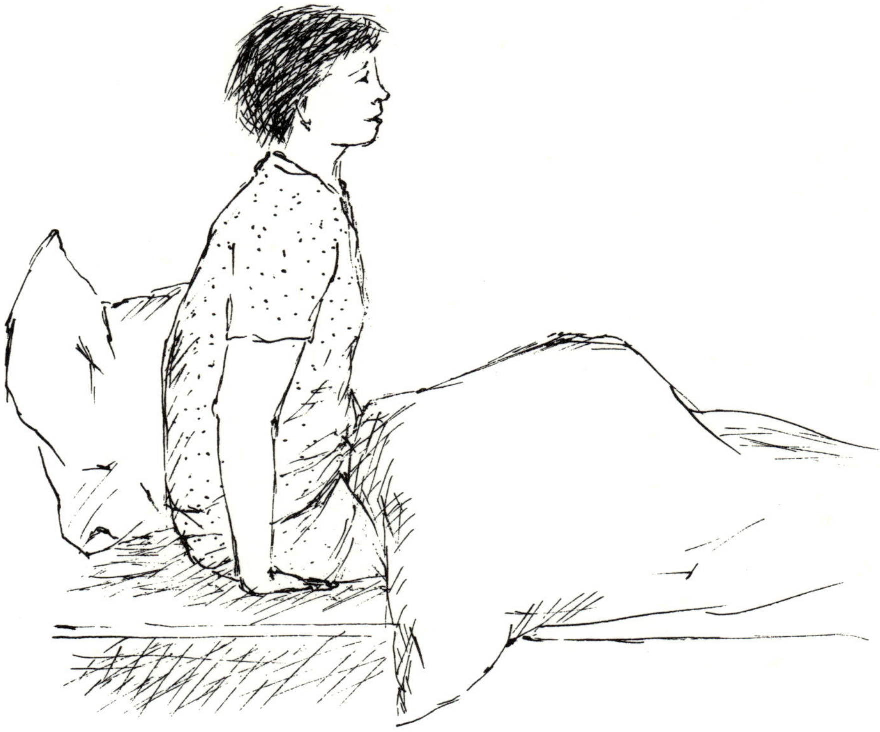

Aufatmend stellt Anna das Tablett auf Mamas Nachtschrank. »Na klar!« sagt sie. »Das war doch eine Kleinigkeit!«